加快建设交通强国报告
(2022)

中华人民共和国交通运输部

人民交通出版社股份有限公司
北　京

图书在版编目(CIP)数据

加快建设交通强国报告. 2022 / 中华人民共和国交通运输部著. — 北京：人民交通出版社股份有限公司，2023.7

ISBN 978-7-114-18820-6

Ⅰ.①加… Ⅱ.①中… Ⅲ.①交通运输业—经济发展战略—研究报告—中国—2022 Ⅳ.①F512.3

中国国家版本馆 CIP 数据核字(2023)第 089345 号

Jiakuai Jianshe Jiaotong Qiangguo Baogao(2022)

| 书　　名：加快建设交通强国报告(2022)
| 著　作　者：中华人民共和国交通运输部
| 责任编辑：韩亚楠　郭晓旭
| 责任校对：赵媛媛
| 责任印制：张　凯
| 出版发行：人民交通出版社股份有限公司
| 地　　址：(100011)北京市朝阳区安定门外外馆斜街 3 号
| 网　　址：http://www.ccpcl.com.cn
| 销售电话：(010)59757973
| 总　经　销：人民交通出版社股份有限公司发行部
| 经　　销：各地新华书店
| 印　　刷：北京市密东印刷有限公司
| 开　　本：787×1092　1/16
| 印　　张：3.75
| 字　　数：29 千
| 版　　次：2023 年 7 月　第 1 版
| 印　　次：2023 年 7 月　第 1 次印刷
| 书　　号：ISBN 978-7-114-18820-6
| 定　　价：16.00 元

(有印刷、装订质量问题的图书，由本公司负责调换)

目 录

一、开启加快建设交通强国新征程 …………………… (1)
  （一）牢牢把握加快建设交通强国的根本遵循 …… (1)
  （二）党中央、国务院擘画了交通强国宏伟蓝图 …… (3)
  （三）各部门协同推进交通强国建设 ……………… (4)
  （四）各地区纵深推进交通强国建设 ……………… (7)
  （五）各单位积极参与交通强国建设试点 ………… (9)

二、加快建设交通强国成效显著 ……………………… (14)
  （一）基础设施网络日趋完善 ……………………… (14)
  （二）交通装备水平持续提升 ……………………… (19)
  （三）运输服务能力大幅提高 ……………………… (20)
  （四）科技创新能力稳步提高 ……………………… (25)
  （五）安全保障能力持续提高 ……………………… (28)
  （六）绿色低碳转型进程加快 ……………………… (30)
  （七）对外开放合作不断深化 ……………………… (34)

（八）人才队伍素质不断改善……………………（38）
　　（九）交通治理能力显著提升……………………（39）
三、加快建设交通强国行稳致远……………………（46）
　　（一）系统总结我国交通强国建设经验……………（46）
　　（二）准确把握交通强国建设的历史方位…………（51）
　　（三）努力当好中国式现代化的开路先锋…………（53）

党的十八大以来,在党中央、国务院的坚强领导下,交通运输事业取得了历史性成就、发生了历史性变革,我国迎来了由交通大国迈向交通强国的历史性发展机遇。党的十九大提出建设交通强国,党的二十大提出加快建设交通强国,这是以习近平同志为核心的党中央作出的重大战略决策,是新时代做好交通运输工作的总抓手。为总结党的十九大以来交通强国建设成效经验,贯彻落实党的二十大部署安排,谋划未来五年加快建设交通强国思路方向,奋力加快建设交通强国,努力当好中国式现代化的开路先锋,特发布本报告。

一、开启加快建设交通强国新征程

　　五年来,在习近平新时代中国特色社会主义思想指引下,在党中央、国务院坚强领导下,在各有关方面大力支持下,我国开启了加快建设交通强国新征程。

(一)牢牢把握加快建设交通强国的根本遵循

　　习近平总书记始终高度重视交通运输工作,作出一系列重要论述,科学回答了新时代为什么要发展交通运输、发展什么样的交通运输和怎样发展交通运输等重大时代命题,构筑了站位高远、思想深刻、内涵丰富的交通强国理论体系。**在发展战略上**,强调加快建设交通强国。**在发展定位上**,强调交通成为中国式现代化的开路先锋。**在发展目的上**,强调坚持人民至上,满足人民日益增长的美好生活需要。**在发展理念上**,强调完整、准确、全面贯彻新发展理念。**在发展目标上**,强调打造一流设施、一流技术、一流管理、一流服务,构建安全、便捷、高效、绿色、经济的现代化综合交通体系,实现人享其行、物畅其流。**在发展任务上**,强调深化供给侧结构性改革,推动高质量发展,优化基础设施布局、结构、功能和系统集成,构建现代化基础设施体系,降低物流成本,加快推动交通运输结构调整优化,强化重大基础设施等安全保障体系建设,建设高标准市场体系。**在发展合作上**,强调与世界相交、与时代相通,坚持交通天下,推进全球交通合作。**在发展动力上**,强调坚持创新引领。**在发展方式上**,强调加快形成绿色低碳交通运输方式。**在发展保证上**,强调加强党的全面领导和党的建设,弘扬"两路"精神等交通精神。

习近平总书记关于交通运输重要论述集中反映了党对交通运输发展规律的深刻认识,是习近平新时代中国特色社会主义思想的世界观和方法论在交通运输领域的伟大实践,为新时代新征程上加快建设交通强国指明了前进方向、提供了根本遵循、注入了强大力量。

(二)党中央、国务院擘画了交通强国宏伟蓝图

2019年9月、2021年2月,党中央、国务院先后印发《交通强国建设纲要》《国家综合立体交通网规划纲要》(统称"两个纲要"),"两个纲要"共同构成了指导加快建设交通强国的纲领性文件。《交通强国建设纲要》提出了到2035年基本建成交通强国,到本世纪中叶全面建成人民满意、保障有力、世界前列的交通强国的两个阶段目标,提出推动"三个转变"❶,打造"四个一流"❷,构建安全、便捷、高效、绿色、经济的现代化综合交通体系,明确了九大任务和三项保障措施。《国家综合立体交通网规划纲要》提出了到2035年基本建成便捷顺畅、经济高效、绿色集约、智能先进、安全可靠的现代化高质量国家综合立体交通网的发展目标,明确了国家综合立体交通网及其主骨架、国家综合

---

❶ 推动交通发展由追求速度规模向更加注重质量效益转变,由各种交通方式相对独立发展向更加注重一体化融合发展转变,由依靠传统要素驱动向更加注重创新驱动转变。

❷ 一流设施、一流技术、一流管理、一流服务。

交通枢纽的规模、结构和布局,提出了推进综合交通统筹融合发展、高质量发展等重点任务。2021年3月发布的《中华人民共和国国民经济和社会发展第十四个五年规划和2035年远景目标纲要》,专题部署加快建设交通强国重点任务。为贯彻落实相关任务,交通运输部构建了"1+6+9+7"的"十四五"交通规划体系,对"十四五"期加快建设交通强国的目标任务作出全面谋划。1个总规划即《"十四五"现代综合交通运输体系发展规划》,于2021年12月经国务院印发;6个重点专项规划、9个一般专项规划、7个特殊专项规划已全部印发实施。

(三)各部门协同推进交通强国建设

2018年5月,国务院成立了交通强国建设纲要起草组,统筹推进"两个纲要"起草等重点工作,国家发展改革委、科技部、工业和信息化部、公安部、财政部等21个相关部门为成员单位,起草组办公室设在交通运输部。起草组共召开了5次全体会议,起草组办公室召开了8次会议,研究审议相关重大事项。交通运输部会同国家铁路局、中国民用航空局、国家邮政局、中国国家铁路集团有限公司、中国邮政集团有限公司成立了加快建设交通强国领导小组,抓好各项工作落实。五年来,各部门印发贯彻落实"两个纲要"的文件60余份,不断完善加快建设交通强国的政策体系,并加强工作协同,推进交通强国建设走深走实。

专栏1　各部门贯彻落实"两个纲要"的部分政策文件
1. 国家铁路集团关于印发《新时代交通强国铁路先行规划纲要》的通知
2. 国家发展改革委　交通运输部关于印发《国家公路网规划》的通知
3. 交通运输部　国家发展改革委　财政部　自然资源部　农业农村部　国务院扶贫办　国家邮政局　中华全国供销合作总社关于推动"四好农村路"高质量发展的指导意见
4. 交通运输部　发展改革委　财政部　自然资源部　生态环境部　应急管理部　海关总署　市场监管总局　国家铁路集团关于建设世界一流港口的指导意见
5. 交通运输部　发展改革委　工业和信息化部　财政部　商务部　海关总署　税务总局关于大力推进海运业高质量发展的指导意见
6. 交通运输部关于印发《内河航运发展纲要》的通知
7. 交通运输部关于推进长江航运高质量发展的意见
8. 中国民用航空局关于印发新时代民航强国建设行动纲要的通知
9. 中国民用航空局关于印发《中国民航四型机场建设行动纲要(2020—2035年)》的通知
10. 中国民用航空局关于印发智慧民航建设路线图的通知
11. 国家邮政局关于印发《邮政强国建设行动纲要》的通知
12. 财政部　交通运输部关于支持国家综合货运枢纽补链强链的通知
13. 交通运输部关于开展交通强国建设试点工作的通知

14. 交通运输部关于印发《交通强国建设评价指标体系》的通知

15. 交通运输部　国家铁路局　中国民用航空局　国家邮政局关于加快建设国家综合立体交通网主骨架的意见

16. 交通运输部　科学技术部关于科技创新驱动加快建设交通强国的意见

17. 交通运输部　科学技术部关于印发《交通领域科技创新中长期发展规划纲要（2021—2035年）》的通知

18. 交通运输部关于推动交通运输领域新型基础设施建设的指导意见

19. 交通运输部关于印发《交通运输领域新型基础设施建设行动方案（2021—2025年）》的通知

20. 国务院办公厅关于印发新能源汽车产业发展规划(2021—2035年)的通知

21. 国家发展改革委等部门关于进一步提升电动汽车充电基础设施服务保障能力的实施意见

22. 交通运输部关于进一步加强交通运输安全生产体系建设的意见

23. 交通运输部关于加强交通运输应急管理体系和能力建设的指导意见

24. 交通运输部等二十三个部门和单位关于进一步加强海上搜救应急能力建设的意见

25. 财政部　交通运输部关于印发《车辆购置税收入补助地方资金管理暂行办法》的通知

26. 自然资源部等7部门关于加强用地审批前期工作积极推进基础设施项目建设的通知

27. 交通运输部　国家发展改革委　自然资源部　生态环境部　国家林业和草原局关于加强沿海和内河港口航道规划建设进一步规范和强化资源要素保障的通知

28. 人力资源和社会保障部　交通运输部共同推进交通运输行业技能人才队伍建设工作备忘录

29. 交通运输部关于推进交通运输治理体系和治理能力现代化若干问题的意见
30. 交通运输部关于完善综合交通法规体系的意见
31. 交通运输部关于进一步深化交通运输法治政府部门建设的意见

（四）各地区纵深推进交通强国建设

各地区深入贯彻落实党中央、国务院关于加快建设交通强国的决策部署，建立健全交通强国（强省）建设领导机制，出台"两个纲要"贯彻落实文件、地方综合立体交通网规划、"十四五"交通规划等。截至2022年底，31个省（自治区、直辖市）和新疆生产建设兵团中，已有30个建立了加快建设交通强国（强省）领导机制，其中25个由省级党委或政府领导担任领导小组组长；25个印发了《交通强国建设纲要》贯彻落实文件，16个印发了省级综合立体交通网规划，31个印发了省级"十四五"综合交通运输规划。山西、吉林、江苏、浙江、江西、安徽、山东、广东、重庆、四川、贵州等省（直辖市）召开交通强国或交通强省建设大会，省级党委或政府主要领导对贯彻落实交通强国战略作出部署并纵深推进。

专栏2　各省（自治区、直辖市）贯彻落实"两个纲要"的部分政策文件

1. 中共天津市委　天津市人民政府《关于贯彻落实〈交通强国建设纲要〉的实施意见》

2. 中共河北省委　河北省人民政府印发《关于贯彻落实〈交通强国建设纲要〉高质量谱写交通强国河北篇章的若干措施》的通知

3. 中共山西省委　山西省人民政府关于贯彻落实《交通强国建设纲要》的实施意见

4. 中共内蒙古自治区党委　自治区人民政府关于印发内蒙古自治区贯彻《交通强国建设纲要》实施方案的通知

5. 中共辽宁省委　辽宁省人民政府关于贯彻落实《交通强国建设纲要》的意见

6. 中共吉林省委　吉林省人民政府关于深入贯彻《交通强国建设纲要》建设高质量交通强省的实施意见

7. 中共上海市委　上海市人民政府印发《交通强国建设上海方案》的通知

8. 中共江苏省委　江苏省人民政府关于印发《交通强国江苏方案》的通知

9. 中共浙江省委　浙江省人民政府关于深入贯彻《交通强国建设纲要》建设高水平交通强省的实施意见

10. 中共安徽省委　安徽省人民政府印发《关于贯彻〈交通强国建设纲要〉的实施意见》的通知

11. 福建省交通运输厅　福建省发展和改革委员会关于印发《福建省交通强国先行区建设实施方案》的通知

12. 中共江西省委　江西省人民政府印发《关于推进交通强省建设的意见》的通知

13. 山东省加快建设交通强国山东示范区工作机制关于印发《加快建设交通强国山东示范区方案（2022—2025年）》的通知

14. 中共河南省委　河南省人民政府关于印发《河南省加快交通强省建设的实施意见》《河南省综合立体交通网规划（2021—2035年）》的通知

15. 中共广东省委　广东省人民政府关于贯彻落实《交通强国建设纲要》的实施意见

16. 中共广西壮族自治区党委　广西壮族自治区人民政府关于印发《广西贯彻落实〈交通强国建设纲要〉实施方案》的通知

17. 重庆市人民政府办公厅关于印发支持交通强市建设若干政策措施的通知

18. 中共四川省委　四川省人民政府关于贯彻落实《交通强国建设纲要》加快建设交通强省的实施意见

19. 中共贵州省委　贵州省人民政府关于印发《贵州省推进交通强国建设实施纲要》的通知

20. 中共云南省委　云南省人民政府关于贯彻落实《交通强国建设纲要》的实施意见

21. 中共陕西省委　陕西省人民政府印发《关于贯彻落实〈交通强国建设纲要〉的实施方案》的通知

22. 中共甘肃省委　甘肃省人民政府关于印发《交通强国甘肃方案》的通知

23. 中共青海省委　青海省人民政府关于印发《青海省推进交通强国建设重点任务》的通知

24. 宁夏回族自治区党委　人民政府印发《关于贯彻落实〈交通强国建设纲要〉的实施意见》的通知

25. 新疆维吾尔自治区党委　自治区人民政府《关于印发新疆维吾尔自治区关于贯彻落实〈交通强国建设纲要〉实施方案的通知》

（五）各单位积极参与交通强国建设试点

为贯彻落实《交通强国建设纲要》，充分发挥试点在交通强国建设中的突破、带动、示范作用，打造"一流设施、一流技术、一流管理、一流服务",2019年底,交通运输部启动了交通强国建设试点工作。截至2022年底,已有71个试点组织单位开展了375项交通强国建设试点任务,其中包括37个地方交通运输主管部门、11家大型企业、11所高校和12个部属单位,带动了各方面约360家试点实施单位参加,形成部门协同、部省联动、产学研联合的工作格局。

各试点单位发挥专业优势,积极推动试点任务实施。中国交通建设集团有限公司、中国建筑集团有限公司、中国铁建股份有限公司等在工程技术和工程装备方面走在世界前列。中国邮政集团有限公司、招商局集团有限公司、中远海运集团有限公司等完善国际国内运输网络,推进现代物流业发展。中国移动通信集团有限公司、北京京东世纪贸易有限公司、百度等高新技术企业推动大数据、互联网、人工智能等新技术与交通行业深度融合。北京交通大学、西南交通大学、同济大学在智能轨道交通、高速列车安全保障等方面开展技术攻关,长安大学、东南大学、北京航空航天大学、北京工业大学、交通运输部公路科学研究院在绿色智慧公路、城市公共交通智能化等方面加强技术创新,大连海事大学、大连理工大学、武汉理工大学在无人驾驶船舶技术、智慧港口等方面先行先试。交通运输部规划研究院、交通运输部科学研究院等发挥综合交通运输领域专业优势，统筹推进各项试点任务，在组织管理实施、政策资金支持等方面开拓创新。相关企业、高校、科研单位培养了一批具有国际视野和能力的科技创新领军人才和高端专业技术人才，强化加快建设交通强国的人才支撑。

各试点单位坚持先行先试、示范引领，实施了一批具有较强影响力的重大工程，形成了一批政策文件、标准规范、技术指南、数据平台、创新举措等试点成果。据不完全统计，试点工作共获得奖项37个、专利1787项，形成标准规范541项，技术指南、指导手册、工作规则、技术要求等170项，规章制度、政策文件、规划252项，实施方案、工作方案、行动计划96项，工艺工法等24项，模式机制157项，咨政建言149项，体制创新15项、制度创新17项、理论创新22项、设备创新60项、技术创新81项、实践创新37项。"四个一流"品牌样板的生动实践正在全国各地孕育生根，试点的突破、带动、示范作用逐步显现。

专栏3　交通强国建设试点代表性成果

1. 中国交通建设集团有限公司"关键技术研发应用"试点,超大直径隧道智能化盾构装备核心零部件国产化率达到95%以上,已在"振兴号""运河号""聚力一号"等超大直径盾构机上应用。

2. 中国中车集团有限公司"绿色智能交通装备研制及应用"试点,深化高速铁路货运技术研究,世界首列时速350公里高速货运动车组下线。

3. 国家能源投资有限责任公司"铁路运行关键技术研发与装备升级"试点,构建成套的3万吨级重载列车开行技术体系,朔黄铁路3万吨级重载列车即将开行。

4. 中国邮政集团有限公司"智能邮件处理中心技术创新"试点,系统应用数字孪生、AI等技术,对全流程各要素进行感知、建模和优化,自研18个AI算法和数据模型,构建了数字化管理体系,实现了人均处理效率提升93%。

5. 北京京东世纪贸易有限公司"路空协同平急一体的应急物流保障体系建设"试点,大力开发企业应急管理平台,打造"有责任的供应链"和"织网计划",保障自身供应链的稳定性与可靠性,带动供应链产业链上下游生态企业数字化转型和降本增效。

6. 百度"安全可控的智能汽车技术研发及应用"试点,攻克操作系统、计算平台、感知控制等十大核心技术,获得多项全球专利,定位专利获得"中国专利银奖"。

7. 交通运输部科学研究院牵头,联合18家实施单位共同承担的"综合交通运输大数据专项交通强国建设"试点,依托山东、广西、云南等重点省(自治区、直辖市),推动部省市三级综合交通大数据中心建设,各级数据中心的数据治理、分析应用和安全保障能力显著提升。围绕基础设施管理精细化、行业治理现代化、运输服务便捷化等应用场景,积极开展系统建设及模型研发并取得重大进展。

8. 北京交通大学"智能轨道交通平台建设与技术研发"试点,完成了城市轨道交通定位系统研制,为实现城市轨道交通非暴露空间下高精度定位应用提供了技术支撑。

9. 北京航空航天大学"智能交通关键技术研究"试点,研究车路云智能感知、车辆信息辨识与安全、智能车路应用系统构建等智能交通关键技术,自主研发智能车联网安全终端,支撑建成北京市首条智能网联汽车开放试验道路、北京市首个T5级别自动驾驶封闭测试场。

10. 大连海事大学"无人驾驶货物运输船舶技术研究"试点,研究无人驾驶货物运输船舶技术,研发了多船自主航行辅助决策、智能货物管理、智能能效管理等系统,研制了具有自主知识产权的甚高频数据交换系统(VDES)样机,部分技术与产品达到国际先进国内领先水平,已在百余艘船舶和无人船岸信息中心建设中应用。

二、加快建设交通强国成效显著

五年来,各部门各地区各单位深入贯彻落实"两个纲要",有力推进加快建设交通强国各项重点任务落地实施,取得了显著成效。

(一)基础设施网络日趋完善

综合立体交通网布局不断完善。截至2022年底,我国综合交通网突破600万公里,总规模位居世界前列,全国铁路营业里程达到15.5万公里,比2017年增长22%,其中高速铁路4.2万公里,比2017年增长68%,位居世界首位,已覆盖94.9%的50万人口以上城市,普速铁路干线通道基本形成。公路通车总里程达到535.5万公里,比2017年增长12%,位居世界第二,其中高速公路通车里程达到17.7万公里,比2017年增长约30%,位居世界首位,已覆盖95%的20万人口以上城市。港口拥有生产码头泊位2.1万个,其中万吨级及以上泊位 2751 个,继续保持世界首位。全球前十大港口我国占 8 个,前十大集装箱港口我国占 7 个,集装箱、煤炭、原油、矿石等系统布局已形成分工明确、优势互补的发展格局。以长江水系、珠江水系、京杭运河—淮河水系等高等级航道为主体,干支衔接、区域成网的内河航道体系基本形成,内河航道通航里程达到 12.8 万公里,位居世界首位,其中国家高等级航道里程超过 1.6 万公里。民用颁证运输机场达到 254 个,比 2017 年增加了 25 个,100 公里服务半径覆盖全国 92.6% 的地级行政单元、90.2% 的人口和 93.5% 的经济总量。持续建设全球性邮政快递枢纽集群,一批枢纽型邮件快件分拨中心投入运营,建成各类分拨中心近 3000 个,邮路总长度(单程)超过 1000 万公里,快递服务网路长度(单程)超过 4000 万公里。

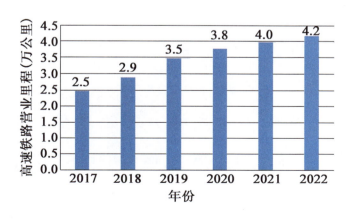

图　1

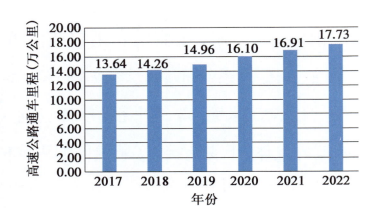

图 1　高速铁路营业里程、高速公路通车里程

城市群交通一体化取得重要进展。"轨道上的城市群"加快构建,以京津冀、长三角、粤港澳大湾区、成渝地区双城经济圈为代表的城市群基本实现中心城市与周边城市 2 小时通达,时空距离有效缩短。长三角、环渤海、粤港澳等世界级港口群建设成效显著,区域港口协同发展水平有效提升。京津冀、长三角、粤港澳大湾区和成渝地区世界级机场群建设初具规模,北京大兴国际机场、成都天府国际机场等投入运营,区域民航协同发展能力显著增强。

城市交通承载力和支撑力有效增强。全国共有 53 个城市开通运营城市轨道交通,运营里程 9555 公里,比 2017 年翻了一番,位居世界第一,以公共交通为导向的开发模式(TOD)、综合开发等成为支撑引领城市发展的新路径、新模式。全国城市道路规模持续增长,路网结构不断完善,城市公共汽电车运营线路长度达到166万公里,比2017年增长56%,公交专用道长度约2万公里,比2017年增长82%。国内大城市小汽车与停车位的配比达到1∶0.8,停车设施不断完善。全国累计建成充电桩521万个,建成换电站1973座,形成全球最大规模充电网络。

农村及贫困地区交通基础设施实现根本性改善。将革命老区、民族地区、边疆地区、贫困地区1177个县(市、区)全部纳入交通扶贫支持范围,加大投资支持力度。"四好农村路"建设成效显著,持续巩固具备条件的乡镇和建制村通硬化路成果,五年新增农村公路里程约52万公里。开发性铁路建设加快推进,80余个老少边和原国家级贫困县结束了不通铁路的历史;持续开好公益性"慢火车",每年运送沿线群众约2200万人,有力推动资源丰富和人口相对密集贫困地区资源及产业开发,有效带动农村地区特色产业发展。民航对贫困人口覆盖率达到83%,通用航空发展迅速,通用机场数量达到399个,约为2017年的5倍,有效提高了农村地区旅游、农业作业、应急救援能力。邮政实现"乡乡设所、村村通直邮",快递网点基本实现乡镇全覆盖,全国95%的建制村实现快递服务覆盖。

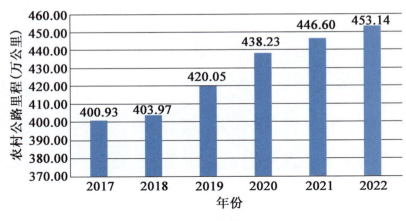

图 2 农村公路里程

综合交通枢纽建设取得重要进展。统筹推进综合交通枢纽集群、枢纽城市、枢纽场站建设,着力提升枢纽城市集聚辐射能力。五年来,分别安排车购税资金约 32 亿元、35 亿元支持 88 个综合客运枢纽、104 个货运枢纽(物流园区)建设。重点推进综合交通枢纽统一规划、统一设计、统一建设、协同管理,85% 的新建综合客运枢纽内各交通方式的平均换乘距离控制在 200 米以内,沿海主要港口铁路进港率超过 85%,31 个枢纽机场接入轨道交通线路 50 条,超过 20 个综合客运枢纽实现了铁路与城市轨道交通安检流程优化。2022 年,推动 15 个城市开展国家综合货运枢纽补链强链工作,取得了积极成效。

重大工程成为我国靓丽名片。港珠澳大桥、北京大兴国际机场、上海国际航运中心洋山深水港区等超大型交通工程震撼世界,和若铁路开通运营,世界首条环沙漠铁路线建成,世界海拔最高的青海省果洛藏族自治州雪山一号高速公路隧道、亚洲最大的专业货运机场鄂州花湖机场,江淮运河试通航,平陆运河开工建设。从中国速度到中国高度、再到中国长度,一项项工程奇迹接连问世,成为我国社会主义现代化建设的重大成就缩影。

(二)交通装备水平持续提升

新型载运工具自主研发取得重大突破。京张高铁智能型动车组首次实现时速350公里自动驾驶功能,朔黄铁路3万吨级重载列车即将开行,27吨轴重通用货车、30吨轴重专用敞车等重载铁路货车整车关键技术不断突破。智能网联汽车和自动驾驶技术基本与全球先进水平处于"并跑"阶段,建成了一批自动驾驶封闭场地测试基地和智能网联汽车测试示范区。世界造船大国地位进一步巩固,造船完工量、新接订单量、手持订单量连续12年保持全球领先,大型自动化专业化集装箱以及液化天然气船(LNG)、液化石油气船(LPG)等新型运输船舶研发及自主制造能力不断强化。国产民用干线飞机实现"零的突破",C919大型客机完成首架交付,ARJ21支线客机进入规模化运营阶段。

特种装备研发建造迈上新台阶。工程机械装备研发应用持续推进,大直径土压平衡盾构机等隧道工程装备研发实现重大突破。成功研制世界最大直径全断面硬岩掘进机、世界首台桩梁一体智能造桥机、千吨级架桥机,工程建造装备向高端化智能化发展。水上交通安全应急救援装备研发建造取得新成就,国内首次自主设计建造的500米饱和潜水作业支持母船"深达号"成功下水,8万吨级半潜打捞起重船"华瑞龙"正式列编交付使用。

关键装备国产化水平大幅提升。复兴号高速列车迈出从追赶到领跑的关键一步,历史性地实现对31个省(自治区、直辖市)全覆盖,谱系化产品体系加快构建。全国铁路拥有动车组超过4000标准组,动车组占铁路客车数量比重超过40%。智能网联汽车基础计算平台实现装车应用,车规级激光雷达、人工智能芯片算力达到国际先进水平。

(三)运输服务能力大幅提高

出行服务质量不断改善。运输服务保障能力进一步增强,2022年全国完成营业性客运量55.9亿人次,完成旅客周转量约 1.3 万亿人·公里。出行快速化推动国土时空距离进一步缩小,截至 2022 年底,享受 1 小时内快速交通服务的人口占比达到 79%。出行便捷水平有效提升,电子客票在铁路、公路、民航客运领域广泛应用,旅客联程运输模式不断丰富,安检流程优化持续推进,联运票务系统建设初具成效,旅客联程运输服务水平显著提升。城乡交通运输一体化成效显著,全国城乡交通运输一体化水平持续提升,城乡交通运输衔接更加顺畅,运输服务均等化水平进一步提高。持续巩固拓展具备条件的乡镇和建制村通客车成果,全国农村客运网络覆盖的广度和深度进一步提高,截至 2022 年底,全国乡镇和建制村通客车率分别达到 99.8%、99.7%,深入推进农村客货邮融合发展,促进农村客运长效稳定发展,超 1000 个县级行政区开展农村客货邮服务,开行农村客货邮合作线路 8000 余条。截至 2022 年底,全国机动车保有量达到 4.17 亿辆,比 2017 年增长 34%;机动车驾驶培训质量不断提升,机动车驾驶人总量超过 5 亿人,比 2017 年增长 30%,出行机动化、个性化水平大幅提升。落实公交优先发展战略,先后组织 117 个城市开展国家公交都市创建,46 个城市被授予"国家公交都市建设示范城市"称号,引领各地城市公共交通服务水平稳步提升。2022 年,全国城市公共客运量达 353.37 亿人次,巡游出租汽车加快转型升级,2022 年客运量达到 208.2 亿人次。城市轨道交通逐渐成为大城市日常出行的首选,2022 年全国 36 个中心城市轨道交通客运量约 185.9 亿人次。圆满完成北京冬奥会交通运输保障任务,顺利完成党的二十大、全国两会等重点时段、重大活动交通运输保障与安全管理任务。在无障碍车辆更新、设施改造、敬老爱老线路打造等方面持续发力,在 120 余个地级及以上城市开通"95128"出租汽车约车服务电话,在主要网约车平台开通"一键叫车"服务,累计为 930 余万名老年人乘客提供服务 5300 余万单。2022 年,各地新增及更新低地板及低入口公交车 3.1 万余辆,公共汽电车站台适老化改造 9500 余处。

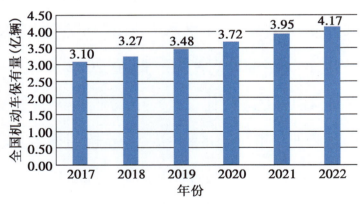

图 3 全国机动车保有量

货物运输日趋高效绿色。交通物流基础设施网络日臻完善,积极推进"通道+枢纽+网络"物流体系建设,加快推进城际干线运输和城市末端配送有机衔接。2022年全国完成营业性货运量超过506亿吨,完成货物周转量约22.6万亿吨·公里,分别比2017年增长7%和17%。邮政行业寄递业务量完成1391亿件,其中快递业务量完成1106亿件,是2017年的4.7倍左右。铁路货运产品供给不断优化,快捷班列、高铁快运进一步发展,铁路货运电子商务平台实现货运业务全流程24小时网上办理。多式联运加快发展,全国港口完成集装箱铁水联运量875万标箱,是2017年的2.5倍。物流降本增效取得显著成果,全面取消港口建设费,全面推广高速公路差异化收费。内河水运、大宗商品储备设施、农村物流、冷链物流等重点领域补短板取得成效,持续推进城市绿色货运配送示范工程创建,拥有国内快递专用货机超过160架,交通物流服务保障能力和现代化水平持续提升。

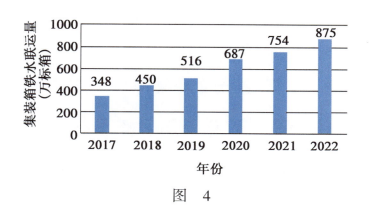

图 4

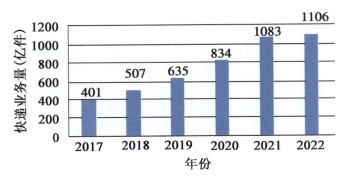

图 4 集装箱铁水联运量及快递业务量

新业态新模式发展活力不断增强。"互联网+"便捷交通创新应用成效显著,"掌上出行"等新业态不断推出,乘车购票"一码通行"、预约进站等智慧服务加快推广,出行即服务理念逐步走入现实。网约车和网络货运蓬勃发展,截至 2022 年底,全国共有 298 家网约车平台公司获得许可,覆盖了我国 325 个地级以上城市,日均完成订单量 2000 余万单。全国共有 2537 家网络货运企业(含分公司),整合社会零散运力 594 万辆,整合驾驶员 523 万人。共享单车健康规范发展,全国投放共享单车 1500 余万辆,日均订单量 3300 余万单。有序发展道路客运定制服务,各地开通定制客运线路超 4000 条。智慧物流发展取得显著成就,我国智能立体仓库数量超过 6000 座,快递电子运单基本实现全覆盖。交通与旅游融合发展深入推进,主题线路、风景道、骑行道、步道、旅游航道、网络化营地服务体系加快建设,自驾车、旅居车等旅游产业链发展明显加快,运游融合服务供给产品日益丰富。"交通+乡村旅游""交通+特色产业""交通+电商快递"等不断兴起,路衍经济初见雏形。

(四)科技创新能力稳步提高

前沿关键科技研发持续发力。高速、高原、高寒、重载铁路技术水平世界领先,形成具有自主知识产权的高铁工程建设、装备制造、运营管理三大领域的成套高铁技术体系。CR450科技创新工程扎实推进,时速600公里高速磁浮工程化列车成功研制,低真空管(隧)道高速列车研究深入开展。自动驾驶已经成为人工智能最大应用领域之一,车用氢能研发日趋深入。瓶颈制约技术研发成效显著,船舶直流组网电力推进系统国产化取得重大突破,AEF1300大涵道比涡扇发动机、CJ2000发动机自主研制取得重要进展。

智慧交通建设取得显著成效。智能铁路技术体系初步构建,成为世界智能铁路发展的引领者,铁路信息化进入云计算时代。智慧公路蓬勃发展,公路数字化工作稳步推进,延崇高速公路、珲乌高速公路、杭州绕城西复线高速公路等智慧公路相继建成,超过3500公里公路完成智能化升级改造,高速公路客车ETC使用率超过67%,货车ETC使用率超过64%。自动化码头先进技术广泛应用,上海洋山港四期以及青岛港全自动化集装箱码头引领"全球码头革命",沿海港口已建成自动化码头14座,已建和在建规模稳居世界第一,长江干线、西江航运干线及长三角水网地区电子航道图基本实现全覆盖。邮政快递大型分拨中心智能化改造加快推进,枢纽转运中心基本实现自动分拣全覆盖。智能安检系统、智能视频监控系统、智能语音申投诉系统、通用寄递地址编码等研发取得重大突破。无人机、无人车、无人仓应用取得突破性进展,邮政快递生产自动化、服务智能化、管理信息化水平不断提升,技术迭代升级大幅提升运营效率。超过500座城市积极打造"城市大脑",推动城市交通智慧化发展。国家综合交通运输信息平台统筹建设力度不断加强,交通运输数据资源汇聚规模不断提升,累计数据共享服务调用量达到8.6亿次,综合交通运输大数据中心体系逐步建立。

科技创新体系建设不断健全。启动实施交通基础设施长期性能科学观测网建设、交通运输装备关键核心技术攻坚、智能交通先导应用试点等科技工程,促进基础研究和产业发展。创新平台已经成为交通科技创新重要"孵化器",推动入选了3个国家工程研究中心、3个国家野外科学观测研究站,新认定10个交通运输行业重点实验室、68个交通运输行业研发中心、13个行业野外科学观测研究基地。综合交通运输理论研究取得积极进展,出版面向本科生、研究生及交通运输行业干部的综合交通运输理论系列教材,组织认定了4家交通运输理论研究行业重点实验室。实施交通运输科技示范工程50余项。

交通运输标准体系渐趋完善。五年来,交通运输领域发布了综合交通运输、智慧物流、安全应急、绿色交通等重点领域标准体系,交通运输标准体系框架基本形成。在综合交通枢纽、多式联运、联程联运、智慧交通与智慧物流、节能降碳、工程建设等重点领域,发布国家标准和行业标准1671项,地方标准1100余项,开展800余项团体标准制定,各项工作实现"有标可依"。强化标准实施应用和监督,开展产品质量监督抽查,重点产品抽样合格率达到92%。一体推进标准、计量、检验检测和认证认可等质量基础设施建设,组建国家水运监测设备产业计量测试中心等,不断夯实行业高质量发展基础。

（五）安全保障能力持续提高

本质安全基础进一步夯实。实施铁路安全防护工程，开展高速铁路安全标准示范线建设和运输站段标准化规范化建设，铁路运输安全质量各项指标居世界前列。持续推进公路安全生命防护工程、危旧桥梁改造、隧道整治、渡改桥，国省干线公路技术状况不断改善，基本完成乡道及以上行政等级公路安全隐患治理。全国道路交通事故数量稳中有降，较大道路交通事故起数由2017年日均1.9起降至2022年日均0.85起，重特大道路交通事故起数持续降低。车辆运输车治理工作成效持续巩固，完成20万辆常压液体危险货物罐车集中排查整治。开展危险货物港口作业突出问题整治、船舶碰撞桥梁隐患排查治理、航运枢纽大坝除险加固等专项整治，高等级航道和码头等水上基础设施安全性不断加强。深化"公路水运平安百年品质工程"创建示范，工程建设质量安全水平持续提高。民航、邮政快递安全生产体系不断完善。

安全生产管理水平进一步提升。全面开展交通运输企业主要负责人和安全生产管理人员安全考核。强化交通运输专项整治三年行动巩固提升,全面完成"百项整治任务",深度破解制约行业安全发展的部分顽症痼疾。全面加强城市轨道安全管理,各城市已开通运营的292条线路基本建立了运营安全风险隐患排查治理台账,实现"一企一库、一岗一册、一线一台账"。深入推进治超联合执法常态化制度化,全面实施高速公路入口称重检测,加快推进治超系统全国联网,高速公路平均违法超载率控制在0.5%以内。交通运输行业网络和数据安全管理机制不断健全,安全态势总体平稳。以"两客一危"为重点,加强车辆船舶安全运行监管技术应用。实施邮政寄递渠道安全监管"绿盾"工程,全面推动落实实名收寄、收寄验视、过机安检制度。

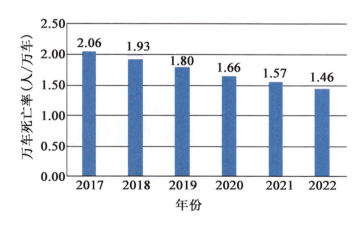

图5 道路交通事故万车死亡率

综合交通应急管理能力进一步提升。交通运输安全风险防范化解、突发事件应急处置和综合交通运输应急保障能力全面提升。强化交通与地震、气象、公安、应急、自然资源等跨部门联动协同机制,完善部省多维度应急工作体系,印发各类交通运输突发事件应急预案和应急处置操作手册。初步建成配置科学、反应迅速、处置高效的交通应急救援网络,规划布局"30＋6"的国家区域性公路交通应急装备物资储备中心,建立国家隧道应急救援基地,打造由210余艘救助打捞船、20余架救助航空器、24个船舶救助基地和8个飞行救助基地等组成的国家海陆空立体水上专业搜救网络。实现沿海和内河四级以上航道船舶自动识别系统(AIS)信号全覆盖,船舶交通管理系统(VTS)覆盖沿海沿江主要港口和重点水道。积极开辟民航应急运输"绿色通道",协助滞留国外旅客返乡,全力做好疫情应急运输工作。

（六）绿色低碳转型进程加快

资源节约集约利用水平显著提升。综合运输通道线位、土地等资源节约集约利用水平提高,实施一批重大跨海跨江复合通道项目,岸线、锚地等资源整合力度加大。加快推进公路水运类规划建设项目纳入国土空间规划"一张图"。持续实施绿色公路建设,组织建设 33 个绿色公路示范工程,注重公路建设与自然环境、社会环境相协调,推行绿色设计、绿色施工。加强废旧材料和水资源等循环利用,公路路基路面材料再生循环利用水平不断提高,积极研发城市建筑垃圾、钢渣煤渣等废弃物资源化再利用技术,开展风积沙资源综合利用关键技术研究,在高速公路服务区、港口作业区实现雨污水循环再利用。快递电子运单、45 毫米以下"瘦身"胶带、可循环中转袋全面应用,全行业累计投放可循环快递箱(盒)1487 万个。

交通运输领域清洁低碳转型取得重要进展。组织创建山东、浙江等 4 个绿色交通省,杭州、天津等 17 个绿色交通城市,以及 13 个绿色公路和 7 个绿色港口示范项目,实现节能量 49 万吨标准煤、替代燃油量 156 万吨。发布 2019、2021 年交通运输行业节能低碳技术目录,共发布近 70 项节能技术。全国铁路电气化率达到 73.8%。我国新能源汽车数量约占全球一半,新能源公交车占全国公共汽电车总量的比例达到 77.2%。船舶靠港使用岸电深入推进,长江经济带、渤海湾、琼州海峡以及沿海内贸大型干散货船舶等重点区域、重点航线、重点船舶靠港使用岸电量不断提升。全国建成内河 LNG 动力船舶近 450 艘,长江干线船舶 LNG 加注体系初步形成。飞机辅助动力装置(APU)替代设施全面使用。77个城市开展绿色货运配送示范工程创建,持续推动城市货运配送体系绿色低碳发展。全国109个城市开展绿色出行创建,97个绿色出行创建城市考核达标,绿色出行比例达到70%以上,绿色出行服务满意率达到80%以上,"优选公交、绿色出行"的发展理念深入人心。

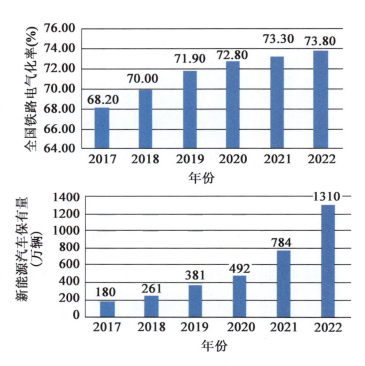

图6 全国铁路电气化率及新能源汽车保有量

交通运输污染防治攻坚战不断深入。运输结构调整成效显著,铁路、水路在全社会货运量中占比由2017年的7.8%、14.1%分别提高至9.8%、16.9%。开展柴油货车污染治理专项行动,严格实施道路运输车辆燃料消耗量限值准入制度,深入推进实施汽车排放检验与维护制度,加强对在用机动车污染物排放的闭环管理,推进高排放老旧柴油货车淘汰更新。船舶排放控制区由珠三角、长三角、环渤海(京津冀)水域扩大至全国沿海海域、港口及长江干线等内河水域。在深圳率先开展船舶大气污染物排放控制监测监管试验区建设,初步建成全国首个"空-陆-水"一体化的综合立体监测系统,主要港口防风抑尘设施建设和设备配备不断推进。建立健全水污染物治理机制,开展"碧海行动",清除沉船中存量污染源近2000余吨。长江经济带内河主要港口船舶污染物接收转运处置基本实现全过程电子联单闭环管理。

交通生态环境保护修复工作持续推进。推动交通网络空间生态优化、交通廊道及工程生态选址选线,降低工程建设对沿线生态环境影响。推动重大交通基础设施以"无害化"方式穿(跨)越重要生态敏感区,形成与生态保护红线和自然保护地相协调的交通网络。推动美丽生态文明农村路建设,为居民提供更加优质的绿色空间。加快绿色航道建设,在长江干线等内河航道整治工程中积极推广生态护岸、生态护滩、人工鱼巢、人工鱼礁等建设,推动长江干线航道疏浚土综合利用,2022年累计上岸利用约880万立方米。

(七)对外开放合作不断深化

"一带一路"交通基础设施互联互通持续强化。中老铁路自2021年12月开通运营以来,累计发送旅客850万人次,运输货物1120万吨,其中跨境货物超190万吨,国际物流通道作用日益凸显。雅万高速铁路成功试验运行,匈塞铁路建设取得重大进展,中泰铁路项目持续推进。中俄黑河—布拉戈维申斯克公路桥实现通车运营,中巴经济走廊"两大"公路和"橙线"轨道项目完工移交。海外重点港口项目建设取得积极进展,中俄东线天然气管道建设积极推进。国际通道畅达四方,成为推动中外贸易往来的经济动脉。

国际运输便利化水平大幅提升。中欧班列发展态势迅猛,通达欧洲25个国家208个城市,年开行数量达到1.6万列,是2017年的3.5倍,运输货品达5万多种,发送160万标箱,有力保障了国际产业链供应链稳定畅通。与周边及"一带一路"沿线国家道路运输便利化持续推进,已开通国际道路客货运输线路300余条,国际道路货运年货运量超过5000万吨。海运连通度位居世界前列,班轮运输联通指数(LSCI)❸连续16年稳居全球第一。民航国际通达服务水平显著提升,已开通国际客运航线953条,国内航空公司经营国际定期航班通航65个国家的167个城市❹,每周国际货运航班约5000班。中欧班列运邮通达欧洲37个国家,快递企业服务网络覆盖80多个国家(地区),在东南亚基本成网。

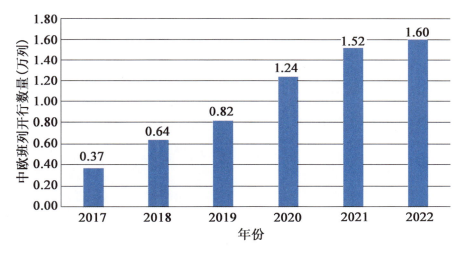

图7 中欧班列开行数量

对外开放力度不断加大。积极开展交通领域制度开放先行试点,对标全球最高开放水平,加强自由贸易试验

---

❸ 联合国贸易与发展会议统计数据。
❹ 新型冠状病毒感染疫情发生之前的正常运营状况。

区和自由贸易港建设,实现国际海运领域对外资全面开放。国际航运领域负面清单逐步实现"零限制",创新国际船舶登记制度,继续推进内外贸同船运输,在对等条件下,允许符合条件的境外班轮公司非五星旗船舶开展以上海洋山港为国际中转港的外贸集装箱沿海捎带试点。完善中欧班列、航空快件等国际中转集拼和国际转口贸易等口岸功能,优化通关服务、完善扩大"单一窗口"海事业务功能,推动国际船舶保税加油许可等权限下放至自贸区交通主管部门。

积极扩大交通运输国际合作。成功举办第二届联合国全球可持续交通大会,习近平主席出席开幕式并作主旨讲话。成立中国国际可持续交通创新和知识中心,习近平主席向中心成立致贺信。广泛参与国际海事组织、国际民航组织、国际海道测量组织、万国邮政联盟、铁路合作组织、国际航标协会、世界道路协会等事务工作,多次当选或连任国际海事组织 A 类理事国、国际民航组织一类理事国、万国邮政联盟相关理事会理事国。与 19 个国家和国际组织签署了 50 份国际道路运输合作文件。与 66 个国家和地区签署了 70 个双边和区域海运协定,海运服务覆盖"一带一路"沿线所有沿海国家。与 129 个国家和地区签署了航空运输协定,与东盟签订了首个区域性的航空运输协定,与有关国家举行双边航空会谈并扩大了航权安排。执行多项跨国重大救援任务,积极参与反海盗等海上国际合作工作,维护地区海上通道安全和秩序。积极参与交通国际事务组织框架下的国际规则及标准制修订,主持制定 26 项国际标准,强化运输设备、作业流程、规范标准等对接。国际铁路联盟已发布的 11 项高速铁路系统级国际标准均由我国主持制定。发布中国公路、水运工程行业外文版标准 63 项、43 项,积极推动标准国际化应用。

各企业充分发挥"走出去"主力军作用。我国交通运输企业在工程建设和工程装备方面走在世界前列,广泛参与境外基础设施设计、咨询、建设和运营,输出标准、技术、管理,进而带动交通运输行业设备、工程、技术、标准和服务"走出去"。2018 年以来,我国交通运输企业走出去步伐明显加快,79 家中国企业入围美国《工程新闻记录 ENR》2022 年度"国际承包商 250 强"榜单。这些交通运输企业集聚了一批具有国际视野和能力的科研创新领军人才和高端专业技术人才,培养了大量技能人才队伍,有力支撑了"中国制造""中国建造"。

（八）人才队伍素质不断改善

全方位培育高层次高水平交通科技人才队伍。突出"高精尖缺"导向，持续实施行业科技创新人才推进计划，遴选了一批领军人才和创新团队。加强青年科技人才培养，支持交通类院校建设"双一流"高校，培养一批站在行业科技前沿、具有国际视野和能力的领军人才。深入实施专业技术人才知识更新工程，加强国家级专业技术人员继续教育基地建设。积极推进交通高端智库建设，成立交通运输新型智库联盟。构建以创新价值、能力、贡献为导向的人才评价体系，建立健全科技成果转化制度，改革科研经费使用管理，积极营造有利于人才成长和发挥作用的良好环境。

全力打造素质优良的交通劳动者大军。完善高技能人才培养、评价、激励、宣传工作体系，指导技工院校新增"新能源汽车检测与维修"等40余个交通类相关专业，颁布轨道列车司机、救生员、安检员（邮件快件安检员）等国家职业标准。新增国际快递业务师、快递站点管理师、快递设备运维师等职业（工种），加大高技能人才选拔培养力度，组织举办全国交通运输行业职业技能大赛和全国邮政行业职业技能大赛,组织开展第46届世界技能大赛新增项目"轨道车辆技术"的日常培训和集中阶段性考核准备工作。涌现一批"全国五一劳动奖章""全国技术能手""全国青年岗位能手"等优秀技术人才。着力维护从业人员合法权益,探索具有自身特点的技能人才收入分配制度。建成1100余个"司机之家",为货车司机提供经济实惠、安全实用的停车、休息、餐饮、洗衣、洗浴等服务。

全面建设高素质专业化干部队伍。坚持把习近平新时代中国特色社会主义思想作为干部理论武装的中心内容,深入开展"不忘初心、牢记使命"主题教育、党史学习教育等,引导党员干部深刻领悟"两个确立"决定性意义,增强"四个意识"、坚定"四个自信"、做到"两个维护"。始终把政治素质考察和政治把关放在第一位,注重在国家重大战略、脱贫攻坚和乡村振兴、疫情防控、保通保畅、抢险救灾、突发事件应对等重大任务、关键时刻了解干部政治素质,不断提高干部专业化能力。

(九)交通治理能力显著提升

交通运输领域全面深化改革成效显著。交通运输部印发《关于推进交通运输治理体系和治理能力现代化若干问题的意见》。完善综合交通运输管理体制，综合交通运输协同工作机制和区域交通运输一体化机制不断优化。完成12个省区域合资铁路公司重组。推动各省出台深化农村公路管理养护体制改革实施方案，全面推行县、乡、村三级"路长制"。有序推进港口一体化改革。依法推进邮政企业的普遍服务业务与竞争性业务分业经营。

交通运输资金保障和运行机制不断完善。深化交通投融资改革，完善"政府主导、分级负责、多元筹资、风险可控"的资金保障，优化车购税收入补助地方资金管理制度，保持交通专项资金规模稳步增长。优化支出结构，保障国家重大战略实施，支持扩大交通运输有效投资，服务交通运输高质量发展。规范使用地方政府专项债券支持收费公路建设，拓宽公路建设筹资渠道。积极规范推广运用基础设施领域不动产投资信托基金（REITS）等融资模式，广泛吸引社会资本参与交通运输发展。开展交通运输投融资试点，发挥先行先试和示范引领作用。加强与金融机构战略合作，推动信贷额度和基金向交通运输倾斜。强化机制约束，防范和化解交通运输领域债务风险。深化交通运输领域财税改革,大幅压减交通运输领域收费,取消港口建设费,交通运输行业全面推行增值税改革,切实减轻企业负担。基本完成交通运输领域中央与地方财政事权和支出责任划分改革任务,建立完善财务审计制度体系,深化预算管理制度改革,全面实施预算绩效管理,完成政府会计制度改革,建立交通运输公共基础设施国有资产报告机制,全面实行审计监督全覆盖,交通运输财务审计治理能力进一步得到提升。

交通运输法治政府部门建设不断深化。综合交通法规体系初步形成。制修订出台海上交通安全法、快递暂行条例,铁路法、公路法、海商法、民用航空法、城市公共交通条例、收费公路管理条例、道路运输条例、农村公路条例、民用航空器事故调查条例等法律法规及规章制修订工作取得积极进展。交通运输综合行政执法改革基本完成,交通运输新型执法体系加快形成。完善行政复议工作机制,实现全流程信息化。

营商环境不断优化。交通运输现代市场体系逐步构建。深入推进政府职能转变,向全国范围推广自贸区实行的40项涉企经营许可"证照分离"改革措施,多项政务服务事项实现"一网通办"和"跨省通办"。全国29个联网省(自治区、直辖市)的487个省界收费站全部取消,高速公路车辆平均通行速度提高16%,拥堵缓行收费站数量减少65%。构建新型监管机制,推动交通运输信用体系建设,信用监管广泛推广,市场主体制度性交易成本有效降低。累计归集交通运输领域公共信用信息35.6亿条,建立了903万家企业和经营业户、2850万从业人员的"一户式"信用档案,动态监管能力不断增强。

交通文明文化水平不断提升。交通文化、交通精神深入人心,交通运输领域文化教育基地、博物馆、展览馆、纪念馆建设和数字化进程加快,大运河等国家文化公园建设方案基本落实,挖掘交通文化遗产力度不断增大,交通科普、史志和文化读物涌现出一批优秀作品。践行弘扬了青藏铁路精神、"两路"精神、港珠澳大桥建设者奋斗精神、中国民航英雄机组英雄精神、邮政快递"小蜜蜂"精神等交通精神,涌现了一批"感动中国""感动交通"先进模范典型人物。绿色出行宣传月和公交出行宣传周活动连年开展,积极营造公众优先选择公共交通、自行车和步行等绿色出行方式的良好氛围。出行文明程度不断提升,交通乱象、道路通行秩序持续改观,礼让斑马线行人整治取得重要进展,酒驾醉驾等交通乱象得到根本性扭转,全国电动自行车骑乘人员头盔佩戴率超过50%。

五年来,我国交通运输综合实力大幅度跃升,部分优势领域跻身世界前列,综合立体交通网建设为党和国家事业发展提供了坚实的物质基础,综合运输服务能力提升为流动的中国贡献了繁荣昌盛的时代活力,交通运输基础性、先导性、战略性、服务性作用日益突出,国家战略实施有了更加坚强的交通运输保障,建成了交通大国,正在加快建设交通强国,有力保障了全面建成小康社会和社会主义现代化国家建设。**一是人民满意度不断提高**。每天约3亿人次享受便捷运输服务,工作生活空间不断拓展,城乡交通一体化成效显著,适老化、无障碍出行服务水平显著提升,公共交通在全国公共服务质量监测中的满意度位居前列,"人享其行、物畅其流"美好愿景正在逐步实现。**二是助力打赢脱贫攻坚战**。交通运输"两通"兜底性目标任务提前完成,基本形成"外通内联、通村畅乡、客车到村、安全便捷"的脱贫地区交通基础设施网络和服务体系,贫困地区群众"出门水泥路、抬脚上客车"的梦想变成现实,"城货下乡、山货进城、快递进村"的双向运输服务进一步打通,交通运输助力巩固拓展脱贫攻坚成果同乡村振兴有效衔接的作用更加凸显。**三是全面服务区域协调发展战**

略实施。补足西部地区交通短板,提升东北地区出关通道运输能力和综合交通网质量,提高中部地区贯通南北、连接东西的通道能力,东部地区率先迈向交通现代化。"轨道上的京津冀"初步形成,长江经济带综合立体交通走廊基本形成,粤港澳大湾区"1小时通勤圈"基本形成,长三角交通运输高质量一体化发展成效显著,黄河流域交通运输生态保护和高质量发展持续推进,成渝地区双城经济圈高水平国际枢纽集群初步形成。**四是有效服务构建新发展格局**。国家综合立体交通网主骨架基本贯通,现代物流体系不断完善,为跨区域经济协作提供了坚强保障。"一带一路"互联互通加快推进,全方位、多层次交通网络正在加快形成,为促进国民经济循环总量扩大、效率提高、成本降低、动力增强、安全稳定奠定了基础。**五是服务保障新冠疫情防控取得重大战略成果**。迅速构建抗疫作战指挥体系、力量体系、政策体系、保障体系,因时因势调整优化客货运输、隔离转运、滞留人员疏解、物流保通保畅等方面的疫情防控举措。全力打通大动脉、畅通微循环,全力保障粮食、煤炭、矿石、LNG、集装箱等国内国际物流供应链安全畅通。**六是有力支撑稳增长稳就业**。五年来交通固定资产投资额超过17万亿元,有效保障交通基础设施建设适度超前,发挥了重要的稳增长"压舱石"作用。交通运输领域从业人数超过4000万人,全国农村公路管护领域提供就业岗位约80万个,在稳就业、保民生、育人才等方面发挥重要作用。多措并举助企纾困,全力稳住市场主体和发展信心,为我国疫情防控和经济恢复走在世界前列提供了坚强的服务保障。

三、加快建设交通强国行稳致远

当前和今后一段时期,交通强国建设仍处于重要战略机遇期,必须总结发展经验,评估建设水平,研判形势要求,确保加快建设交通强国按照党中央、国务院决策部署行稳致远。

(一)系统总结我国交通强国建设经验

五年来,我国加快建设交通强国实现了良好开局,正在探索走出一条具有中国特色的交通强国建设道路,主要经验启示有以下几个方面:

*始终坚持和加强党的全面领导。*加快建设交通强国取得了重大成就,最根本在于习近平新时代中国特色社会主义思想的科学指引,在于以习近平同志为核心的党中央的坚强领导。实践证明,加快建设交通强国必须始终坚持以习近平新时代中国特色社会主义思想为指导,深刻领悟

"两个确立"决定性意义,增强"四个意识"、坚定"四个自信"、做到"两个维护",坚持不懈用习近平新时代中国特色社会主义思想统一思想、统一意志、统一行动,毫不动摇坚持党的全面领导,确保加快建设交通强国始终沿着正确的方向不断前进。

始终坚持人民至上。党中央把交通运输作为民生改善的重要领域,在资源配置上优先倾斜,在公共服务上优先满足,在要素条件上优先保障,不断提升交通运输发展的质量和效益,建设人民满意交通取得重要进展。尤其是大力实施以"四好农村路"为代表的一批民生项目,为广大农村地区带去了人气、财气,也为党在基层凝聚了民心,使交通运输成为了人民群众获得感最强的领域之一。实践证明,交通强国建设必须坚持把人民作为交通运输发展试卷的阅卷人,始终坚持以人民为中心的发展思想,坚持共同富裕方向,保障人民群众共享交通运输改革发展成果,共享美好交通服务。

始终坚持服务大局。交通运输发展始终坚决落实党中央、国务院决策部署,不断适应实践、时代、人民的要求,立足新发展阶段,完整、准确、全面贯彻新发展理念,服务构建新发展格局,在发展中保障和改善民生,不断开创交通运输发展新局面。以联网、补网、强链为建设重点,优化交通基础设施布局、结构、功能和系统集成，助力稳住经济大盘，为推进供给侧结构性改革、推动高质量发展、国家重大战略实施提供了坚实基础。实践证明，只有紧紧围绕党中央、国务院重大战略部署，牢牢把握战略机遇期，在行动上冲锋在前、能力上适度超前、发展上率先突破、作用上先行引领，抓住机遇、用好政策，才能当好中国式现代化的开路先锋。

始终坚持高质量发展。 交通强国建设始终坚持由追求速度规模向更加注重质量效益转变，完整、准确、全面贯彻新发展理念，更好统筹发展和安全，积极推动交通运输高质量发展转型。交通强国建设始终坚持由各种交通方式相对独立发展向更加注重一体化融合发展转变，现代综合交通运输体系建设水平迈上历史新台阶，各种交通方式的比较优势和组合效率不断提升。交通强国建设始终坚持由依靠传统要素驱动向更加注重创新驱动转变，理念创新、科技创新等不断激发系统内生动力。实践证明，"三个转变"重要理念的落实，是推动交通运输高质量发展、建设现代综合交通运输体系的关键，是加快建设交通强国的动力源泉。

始终坚持改革创新。 全面深化交通运输改革，加快完善综合交通运输管理体制，积极转变政府职能，切实优化营商发展环境，推动建立统一开放的交通运输市场，不断消除制约交通运输发展的体制机制性障碍，有效解放和发展了交通运输生产力，让新技术、新业态、新模式不断开花结果，交通运输行业迸发出前所未有的活力。实践证明，只有解放思想、实事求是，坚持全面深化改革，以更强的担当推进改革创新向纵深推进，破解行业发展中的痛点难点问题，加快形成促进交通运输高质量发展的体制机制和市场环境，才能不断激发交通运输发展新动能，推动交通运输跨越式发展、迈向交通强国行列。

始终坚持交通天下。开放融通是交通的本质属性，合作共赢是时代的发展潮流。交通运输着力扩大高水平对外开放，推动全球交通合作，交通全球连接度不断提升，全方位、多层次的国际运输网络不断完善，与沿线国家合作更加紧密、往来更加便利、利益更加融合，为全球交通治理提供了中国智慧、中国经验。实践证明，只有坚持交通天下，推动开放联动、互联互通，才能互相助力、互利共赢、共同发展，推动经济融通、人文交流，使世界成为紧密相连的"地球村"。新征程上，必须坚持与时代相交、与世界相通的重要理念，加强基础设施"硬联通"和制度规则"软联通"，积极参与交通运输全球治理，加快形成交通运输对外开放新格局,助力书写基础设施联通、贸易投资畅通、文明交融沟通的新篇章,更好服务构建人类命运共同体。

始终坚持统筹融合。"两个纲要"的印发,标志着交通运输发展战略实现了行业驱动向国家引领的重大跃升,综合交通发展规划实现了由五年规划向中长期规划的重大跃升,初步构建了全社会办交通的工作格局,在全国范围内形成了政策有指引、机制有保障、工作有干劲的良好局面。实践证明,交通运输发展取得的重要成就,是在党中央、国务院的决策部署下取得的,是在全社会合力推进下取得的,必须始终坚持全社会合力办交通,充分调动各方面积极性,做到战略明确、路径清晰、执行有力,才能汇聚起推动加快建设交通强国的磅礴力量。

始终坚持全面从严治党。从严治党,是马克思主义执政党建设的基本规律,也是党自我革命的内在要求。交通运输行业坚决贯彻落实党中央关于全面从严治党的决策部署,以自我革命精神深入推进反腐败斗争,党的建设取得积极成效,为加快建设交通强国营造良好的政治生态。实践充分证明,只有坚持全面从严治党,勇于自我革命,加强党的建设,深入推进党风廉政建设和反腐败斗争,才能为加快建设交通强国提供坚强政治保证,确保交通运输事业行稳致远。

（二）准确把握交通强国建设的历史方位

五年来,我国完成决胜全面建成小康社会交通建设任务和"十三五"现代综合交通运输体系发展规划各项任务。目前,正在按照"十四五"系列交通规划部署,有序推进加快建设交通强国各项重点工作。

对照"两个纲要"目标,总体来看,我国加快建设交通强国实现了良好开局,综合交通运输体系能力基本适应经济社会发展的需要,安全水平稳步提高,便捷水平大幅提升,高效发展进展明显,绿色发展取得积极成效,经济保障不断增强。截至2022年底,国家综合立体交通网建成54万公里,完成78.6%,其中,高速铁路和普速铁路建成比例分别为60%、87%,国家高速公路和普通国道建成比例分别为75%、86%,内河高等级航道建成规模约60%,民用运输机场建成比例达到64%,国家综合立体交通网主骨架建成规模约88%。按照当前建设速度,铁路网、国家公路网可按期建成,内河高等级航道和机场建设需进一步加大力度,国家综合立体网主骨架建设有望提前完成。

对照世界发达国家先进水平,我国交通运输发展正处于从"跟跑"向"并跑、领跑"转变的历史发展阶段。从设施规模来看,我国综合交通网总里程居世界前列,特别是高速铁路、高速公路、万吨级及以上港口码头泊位数量、内河航道通道里程高居世界第一,建成覆盖全国、深入乡村、通达全球的世界规模最大的邮政快递网络。从运输规模来看,我国客货运周转量均居世界前列。从技术发展水平来看,我国交通基础设施建造技术位于世界领先地位,交通装备技术自主创新取得重大突破,部分领域已经处于世界前列。

与全面建设社会主义现代化国家开局起步的新形势新要求相比,与人民日益增长美好生活需要相比,与发达国家先进水平相比,我国交通运输发展还存在一定差距,需要进一步补短板、强弱项、固底板、扬优势。**基础设施布局和结构仍需完善**。铁路网、国省干线公路网仍需完善,内河高等级航道建设亟待加强,民航中西部地区支线机场覆盖率需要提高,部分重要通道存在能力瓶颈,国际通道连通不足。**系统集成和一体化融合不足**。综合交通通道枢纽规划建设缺乏统筹,联程联运有待加强,各方式设施衔接、服务协同、资源共享、网络韧性有待提升,行业降本增效还需持续推进。城乡、区域交通运输一体化发展有待加强,城市交通拥堵亟待缓解。**科技创新存在短板弱项**。部分领域关键核心技术研究储备不够，一些关键核心零部件、基础软件等受制于人，交通装备的自主可控水平不高。交通基础设施数字化、智慧化、网联化需要加快。**可持续发展能力有待提升。**交通运输碳达峰碳中和制度及政策体系尚不完善，运输结构有待进一步优化调整，铁路和水运低能耗、低排放的优势尚未充分发挥，交通基础设施和装备绿色化还有很大提升空间。交通领域重大事故仍有发生，道路交通安全水平、交通应急救援响应和处置保障能力亟待提升。支撑交通运输可持续发展的土地、能源、资金等要素保障需要加强。**产业链供应链服务保障能力有待提升。**国际国内物流梗阻问题时有发生，能源、粮食、矿产等重点战略物资运输以及重点产业链供应链物流保障仍面临不少挑战。交通运输产业与旅游、装备制造、信息产业等融合发展不足。

（三）努力当好中国式现代化的开路先锋

当前世界百年未有之大变局加速演进，新一轮科技革命和产业变革深入发展，国际力量对比深刻调整，我国发展面临新的战略机遇。同时，世纪疫情影响深远，逆全球化思潮抬头，单边主义、保护主义明显上升，世界经济复苏乏力，局部冲突和动荡频发,全球性问题加剧,世界进入新的动荡变革期。我国经济恢复的基础尚不牢固,需求收缩、供给冲击、预期转弱的三重压力仍然较大,外部环境动荡不安给我国经济带来的影响加深。面对风高浪急的国际环境和艰巨繁重的国内改革发展稳定任务,加快建设交通强国面临诸多不确定性和现实困难。

面对日趋复杂的外部形势,党的二十大作出了全面建设社会主义现代化国家的战略部署,提出了中国式现代化的中国特色、本质要求和重大原则,并提出加快建设交通强国。当前,我国交通运输发展进入加快建设交通强国的新阶段,交通运输服务保障中国式现代化,既要遵循世界各国交通运输现代化的一般规律,更要符合中国式现代化的内在要求。**一是**必须建成保障有力的综合交通运输体系,有力保障人口规模巨大的现代化。**二是**必须提供人民满意的交通运输服务,不断提升交通运输发展的均衡性、公平性、包容性。**三是**必须拥有世界前列的交通运输实力,不仅基础设施、运输服务、技术装备、科技创新等硬实力位居世界前列,交通安全水平、治理能力、文明程度、国际竞争力及影响力等软实力也达到国际先进水平。**四是**必须形成智慧绿色的交通运输发展方式,加快推动交通运输清洁低碳转型、交通运输结构调整优化和交通物流提质增效降本。**五是**必须构建互联互通的交通运输网络,积极推进全球交通合作,有力保障物流供应链安全稳定。

未来五年是全面建设社会主义现代化国家开局起步的关键时期,也是交通运输迈入加快建设交通强国新阶段的重要五年,必须以习近平新时代中国特色社会主义思想为指导,全面贯彻党的二十大精神,深刻领会新时代新征程党的使命任务,扎实推进中国式现代化,完整、准确、全面贯彻新发展理念,服务加快构建新发展格局,推动高质量发展,更好统筹国内国际两个大局,更好统筹疫情防控和经济社会发展,更好统筹发展和安全,锚定建成人民满意、保障有力、世界前列的交通强国总目标,持续抓好"两个纲要"和"十四五"系列交通规划落地实施,谋划推进好"十五五"期交通运输工作,推进实施《加快建设交通强国五年行动计划(2023—2027年)》,建设现代化综合交通基础设施,提升运输服务质量,服务乡村振兴和区域协调发展,加强科技创新驱动,推动绿色低碳转型,强化安全生产,提升开放合作,加强人才队伍建设,深化改革提升管理能力,加强党的建设,推动"三个转变",打造"四个一流",构建安全、便捷、高效、绿色、经济的现代化综合交通运输体系,加快形成"全国123

出行交通圈"和"全球123快货物流圈",实现交通运输质的有效提升和量的合理增长,以加快建设交通强国助力中国式现代化建设进程的顺利实施,为全面建设社会主义现代化国家、全面推进中华民族伟大复兴提供坚强保障。

五年来,在以习近平同志为核心的党中央坚强领导下,在各部门各地区各单位的共同努力下,在人民群众的大力支持下,我国交通运输在"大"的基础上向"强"迈进了一大步,在"有"的基础上向"好"迈进了一大步,基础性、战略性、先导性、服务性作用更加突出,交出了一份不负时代、不负国家、不负人民期待的亮丽答卷。今天的中国,路网纵横交织,航线通达全球,客货往来顺畅,交通运输正在充分发挥兴国之基、强国之要的服务保障作用。潮平两岸阔,风正一帆悬。展望未来,交通运输行业要做伟大复兴的奉献者、转型升级的引领者、社会进步的推动者、中国式现代化的先行者,在习近平新时代中国特色社会主义思想指引下,乘着党的二十大的东风,一张蓝图干到底,奋力加快建设交通强国,努力当好中国式现代化的开路先锋,驾驶交通运输这艘满载人民期待的巨轮,驶向更加美好的明天!